BEI GRIN MACHT SICH IHR WISSEN BEZAHLT

AF130457

- Wir veröffentlichen Ihre Hausarbeit, Bachelor- und Masterarbeit

- Ihr eigenes eBook und Buch - weltweit in allen wichtigen Shops

- Verdienen Sie an jedem Verkauf

Jetzt bei www.GRIN.com hochladen und kostenlos publizieren

ABC-Analyse, Alpen-Methode und Pareto-Prinzip. Präsentation über Selbst- und Zeitmanagement

Saskia Haschke

Bibliografische Information der Deutschen Nationalbibliothek:

Die Deutsche Nationalbibliothek verzeichnet diese Publikation in der Deutschen Nationalbibliografie; detaillierte bibliografische Daten sind im Internet über http://dnb.d-nb.de abrufbar.

ISBN: 9783346735751
Dieses Buch ist auch als E-Book erhältlich.

Druck und Bindung: Books on Demand GmbH, Norderstedt Germany
Gedruckt auf säurefreiem Papier aus verantwortungsvollen Quellen

Das vorliegende Werk wurde sorgfältig erarbeitet. Dennoch übernehmen Autoren und Verlag für die Richtigkeit von Angaben, Hinweisen, Links und Ratschlägen sowie eventuelle Druckfehler keine Haftung.

Das Buch bei GRIN: https://www.grin.com/document/1278447

Einsendepräsentation

Selbst- und Zeitmanagement als Erfolgsfaktor im Studium

verschickt am 12. Dezember 2017 per Einwurf-Einschreiben an die Studierendenbetreuung der SRH Fernhochschule Riedlingen

SRH Fernhochschule

Modul: Selbstmanagement (2. Semester)

Studiengang: Betriebswirtschaft und Management (B.A.)

von

Saskia Haschke

Inhaltsverzeichnis

Abbildungsverzeichnis...3

1a) Analyse der Zuhörer 4

1b) Zielsetzung und Kernbotschaft der Präsentation 5

1c) Konzept der Präsentation 5

1d) Prinzipien und Regeln 15

1e) Wovon der Erfolg Ihrer Präsentation abhängt 17

1f) Lernerkenntnisse 19

Literaturverzeichnis...21

Abbildungsverzeichnis

Abbildung 1: Position des Präsentators sowie der Medien im Präsentationsraum ...6

Abbildung 2: Das Pareto-Prinzip 11

Abbildung 3: Position des Präsentators nach der Präsentation der Selbst-
und Zeitmanagementmethoden 13

Abbildung 4: Beispiel für eine PowerPoint-Folie im Präsentationskonzept 15

1a) Analyse der Zuhörer

Der Erfolg einer Präsentation hängt, neben vielen anderen Faktoren, vor allem von der richtigen Vorbereitung ab, wozu eine im Vorfeld durchgeführte Zuhöreranalyse von großer Wichtigkeit ist.[1]

In diesem speziellen Fall handelt es sich um eine mittelgroße Gruppe von 25 Zuhörern. Aufgrund der Zuhörermenge sollte die Präsentation möglichst anschaulich gestaltet werden, also immer wieder neue Präsentationsmittel zur Hilfe genommen werden.[2] Es bietet sich an eine interessante PowerPoint-Präsentation gelegentlich zu unterbrechen, z. B. durch eine Fragerunde oder ein Brainstorming mit den Zuhörern. Parallel könnten die Ergebnisse sogar handschriftlich auf einem Flipchart oder einem Whiteboard festgehalten werden. Dies lockert eine PowerPoint-Präsentation auf, lenkt die Aufmerksamkeit auf ein neues Visualisierungstool und macht die ganze Präsentation abwechslungsreicher, da auch der Präsentator folglich mehr in Bewegung ist.

In meinem zu bearbeitenden Fall handelt es sich bei den Zuhörern um eine sehr heterogene Gruppe, wenngleich sich alle Zuhörer im selben Semester desselben Studiengangs befinden.[3] „(J)e größer die Gruppe der Zuhörenden (ist), desto heterogener (ist) diese in Bezug auf Einstellungen, Bedürfnisse, Vorwissen o.ä."[4]. Obwohl 90% der Gruppe berufstätig sind, also fast alle einen ähnlichen zeitlichen Rahmen für das Studium zur Verfügung haben, hat knapp ein Drittel der Zuhörer zudem noch eine Familie mit Kindern, die zum einen zusätzliche Zeit in Anspruch nimmt und zum anderen noch mehr Organisation erfordert. Die präsentierten Selbst- und Zeitmanagementtechniken sollten demnach auch immer von einer Familie mit Kindern umgesetzt werden können, sodass dieser Zuhörerteil ebenfalls für sich einen großen Nutzen aus der Präsentation ziehen kann.

Für die fünf Zuhörer, die bereits ein anderes Studium abgebrochen haben, muss das Thema besonders ansprechend und motivierend gestaltet werden. Die Präsentation muss ihnen vermitteln, dass die Methoden im Studienalltag leicht anwendbar sind und ihnen neue Möglichkeiten bieten. Anderenfalls könnten

---

[1] Vgl. *Arenberg* (2015), S. 104
[2] Vgl. *Reiter* (2012), S. 9
[3] Vgl. *Reiter* (2012), S. 8
[4] *Arenberg* (2015), S. 54

diese fünf Zuhörer nach der Präsentation in alte Verhaltensmuster zurückfallen und wieder einen Abbruch in Erwägung ziehen.

Eine Zuhörerin hat bereits ein Chemiestudium erfolgreich abgeschlossen und wird somit ihre favorisierten Methoden und Techniken des Selbst- und Zeitmanagements schon gefunden haben. Diese Zuhörerin sollte man zu seinem Vorteil nutzen und indirekt mit in die Präsentation einbeziehen, unabhängig von der anschließenden Diskussionsrunde. Sie kann ihre persönlichen Erfahrungen mit den verschiedenen Techniken schildern sowie möglicherweise weitere Methoden erläutern, die in der Präsentation nicht erwähnt werden.

1b) Zielsetzung und Kernbotschaft der Präsentation

Die Präsentation soll den Zuhörern einen Anreiz geben sich mit sich selbst und ihrer verfügbaren Zeit auseinander zu setzten, um eine oder mehrere für sie passenden Selbst- und Zeitmanagementmettechniken zu ermitteln.

Es soll außerdem verdeutlicht werden, dass die präsentierten Methoden nicht für jede Person gleich hilfreich sind, sondern dass sie in der Regel an die individuellen Bedürfnisse jedes Menschen und dessen Alltag angepasst werden müssen.

Das Ziel der Präsentation ist es Entscheidungshilfen anzubieten, mit welchen Selbst- und Zeitmanagementmethoden man sein Studium leichter und erfolgreicher bewerkstelligen kann.

1c) Konzept der Präsentation

Als Hauptmedium meiner Präsentation wähle ich PowerPoint-Folien, die mit Hilfe eines Beamers an die Wand projiziert werden. Als Dauermedium nutze ich ein kleines Whiteboard, auf dem ich im Vorfeld per Hand die Präsentationsgliederung niedergeschrieben habe. Das Whiteboard ist omnipräsent und steht in der rechten Raumhälfte, sodass jeder Zuhörer jederzeit freie Sicht darauf hat und die PowerPoint-Folien nicht verdeckt werden. Ich positioniere mich in der linken Raumhälfte, etwa ein bis zwei Meter vor die Präsentationswand (siehe Abbildung

1).

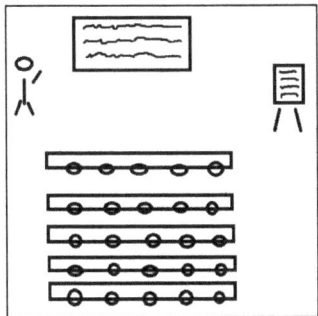

Abbildung 1: Position des Präsentators sowie der Medien im Präsentationsraum

(Quelle: Eigene Darstellung)

In der ersten Minute werde ich die Zuhörer freundlich willkommen heißen, mich vorstellen und anschließend die inhaltliche Gliederung der Präsentation kurz erläutern. Die erste PowerPoint-Folie beinhaltet die Begrüßung, die Gliederungspunkte befinden sich jedoch handschriftlich als Auflistung auf dem Whiteboard:

1. Ziel der Präsentation
2. Kurze Erläuterung persönlicher Probleme zu Beginn des Studiums
3. Selbst- und Zeitmanagementmethoden
4. Zusammenfassung und Fazit

Die ersten beiden Gliederungspunkte werden insgesamt drei Minuten Vortragszeit in Anspruch nehmen.

Ich verdeutliche zuerst das Ziel der Präsentation, indem ich die Inhalte aus Punkt 1b) sinngemäß wiedergebe.

Danach teile ich den Zuhörern anhand einer Auflistung auf der zweiten PowerPoint-Folie mit, welche zeitlichen und strukturellen Schwierigkeiten ich persönlich zu Beginn des Studiums hatte und gebe preis, dass ich zwar keine Familie mit Kindern habe, jedoch neben dem Fernstudium noch einem Vollzeitjob nachgegangen bin.

Ich mache deutlich, dass ich vor Beginn des Studiums schwer abschätzen konnte wie viel Konzentration man am Ende eines Arbeitstages tatsächlich noch für das Studium aufbringen kann. Außerdem denkt man im Vorfeld nicht darüber nach,

6

wie viel Zeit alleine die Vorbereitung (z. B. passende Literatur finden und organisieren) sowie die Nachbearbeitung (z. B. Inhalts- und Literaturverzeichnis anpassen) einer Hausarbeit, Einsendeaufgabe o. ä. in Anspruch nimmt. Ich stelle klar, dass ich anhand verschiedener Techniken und Methoden vieles an meiner Arbeitsstruktur und Zeiteinteilung im Studium, aber auch im Alltag, verbessern konnte und leite damit zum dritten Gliederungspunkt über.

Der dritte Gliederungspunkt nimmt <u>ungefähr zwölf Minuten</u> Vortragszeit in Anspruch und bildet den Hauptteil der Präsentation.
Es gibt unzählige Methoden, Techniken sowie Tipps und Tricks für ein erfolgreiches Selbst- und Zeitmanagement. Ich konzentriere mich in der Präsentation auf vier Methoden, die für mein Studium sehr hilfreich waren und erläutere diese anhand mehrerer PowerPoint-Folien.
Nach der Ausführung jeder einzelnen Methode werde ich den Zuhörern meine Erfahrungen hinsichtlich der Anwendung und den Veränderungen für meinen Alltag kurz darlegen.
Ein erfolgreiches Selbst- sowie Zeitmanagement soll helfen ein festgelegtes Ziel durch geeignete Mittel erreichen zu können.[5] Der erste Schritt in diese Richtung ist natürlich die Formulierung eines Zieles, denn ohne ein Ziel wird es schwierig eine Version überhaupt verfolgen zu können.[6]
Bei der Zielformulierung hilft u. a. die **SMART-Regel** von Locke und Latham.[7] Hierbei werden die Ziele konkret und spezifisch formuliert, um sie „für den Zielverfolger attraktiv, herausfordernd, zugleich aber auch realistisch"[8] zu machen.

Man betrachtet und formuliert dabei die Ziele wie folgt[9]:
- <u>S</u>pezifisch: Was genau will ich erreichen?
- <u>M</u>essbar: Woran kann ich erkennen, dass ich das Ziel erreicht habe?
- <u>A</u>ttraktiv: Warum lohnt es sich für mich persönlich dieses Ziel zu erreichen?

---

[5] Vgl. *Jochum/Jochum/Koch* (2015), S. 11
[6] Vgl. *Pfister* (2016), S. 41
[7] Vgl. *Zimber* (2016), 144
[8] *Zimber* (2016), S. 144
[9] Vgl. *Pfister* (2016), S. 46-47; Vgl. *Zimber* (2016), S. 145

- <u>Realistisch:</u> Wie realistisch ist es, dass ich das Ziel erreichen kann?
- <u>Terminiert:</u> Bis wann soll das Ziel erreicht sein?

Je deutlicher man sich das Ziel und den Weg dorthin vorstellt, desto leichter fällt einem auch die Umsetzung. Die Chance das Ziel erreichen zu können steigt außerdem, wenn man Personen aus seiner Umgebung, z. B. den Lebenspartner, Freunde, Arbeitskollegen oder Kommilitonen, mit einbezieht, ihnen von dem Ziel berichtet und sie über den Stand der Zielerreichung auf dem Laufenden hält.[10]

Eine weitere sinnvolle Methode des Selbst- und Zeitmanagements ist die **Eisenhower-Methode** (oder auch **ABC-Analyse** genannt), die nach dem amerikanischen US-Präsidenten Dwight D. Eisenhower benannt wurde, da man annimmt, dass er die Methode selbst anwendete und auch seinen Mitarbeitern lehrte.[11]

Die Aufgaben werden hierbei anhand ihrer Wichtigkeit und Dringlichkeit bewertet und in A-, B- oder C-Aufgaben unterteilt[12]:

- <u>A-Aufgaben:</u>
  Diese Aufgaben sind wichtig und dringend. Sie sollten am besten sofort und von einem selbst erledigt werden.
- <u>B-Aufgaben:</u>
  Diese Aufgaben sind wichtig, aber nicht dringend. Sie sollten von einem selbst zu einem späteren Zeitpunkt erledigt werden. Am besten macht man sich eine Notiz, sodass sie nicht vergessen werden.
- <u>C-Aufgaben:</u>
  Diese Aufgaben sind nicht unbedingt wichtig, aber dringend. Hierbei handelt es sich meistens um Routineaufgaben, die an andere weiter delegiert werden können. Lässt sich niemand anderes finden, dann sollte man diese Aufgaben flexibel in den Tag einbauen.
- <u>Alle unwichtigen und nicht dringenden Aufgaben:</u>
  Mit diesen Aufgaben sollte man sich erst gar nicht beschäftigen.

Es handelt sich hierbei um eine sehr radikale Methode des Prioritätensetzens. Vor allem in stressigen Situationen hilft sie dabei, einen kühlen Kopf zu

---

[10] Vgl. *Pfister* (2016), S. 51
[11] Vgl. *Mock* (o. J.)
[12] Vgl. *Pfister* (2016), S. 68-69

bewahren.[13]

Eine weitere Technik für ein besseres Selbst- und Zeitmanagement ist die **Alpen-Methode** des deutschen Wissenschaftlers Lothar Seiwert.[14] Jeder wünscht sich gerne mehr Freizeit, egal ob er nur studiert oder nebenher noch arbeiten geht. Kommt noch eine Familie mit Kindern hinzu müssen selbstverständlich noch mehr Pflichten erfüllt werden. Das richtige Selbst- sowie Zeitmanagement „ist immer auch eine Frage des Priorisierens, des Delegierens und des Nein-Sagens."[15]

Die Alpen-Methode hilft dabei die eigene Arbeitsweise zu optimieren, indem man wie folgt vorgeht[16]:

- **A**ufgaben aufschreiben:

  Es sollte jede Aufgabe notiert werden, die erledigt werden muss, wie z. B. Einkaufen gehen, Putzen, Kinder vom Kindergarten abholen, Literatur besorgen, einen Studienbrief bearbeiten.

  Aus meiner Sicht muss die Arbeitszeit, die der Job in Anspruch nimmt nicht unbedingt als "Aufgabe" notiert werden, da die Arbeitszeit in der Regel nicht variiert und deshalb immer genau den gleichen Zeitraum in Anspruch nimmt.

- **L**änge einschätzen:

  Man muss sich natürlich überlegen wie viel Zeit die Aufgaben jeweils in Anspruch nehmen. Man sollte realistisch bleiben und die Zeit für die einzelnen Aufgaben nicht zu knapp kalkulieren. Selbstverständlich müssen Lauf- oder Fahrtwege, z. B. zum Supermarkt, mit eingerechnet werden.

- **P**ufferzeit einplanen:

  Es kann immer dazu kommen, dass unerwartete Ereignisse einem die Zeit stehlen. Plötzliche Veränderungen, wie beispielsweise ein Stau, können unsere Pläne schnell über den Haufen werfen und dazu führen, dass Prioritäten verschoben werden müssen. Ratsam ist es nur maximal 60% der Zeit zu verplanen und die restlichen 40% als Puffer zu nutzen.

---

[13] Vgl. *Pfister* (2016), S. 70
[14] Vgl. *Mai* (o. J.)
[15] *Mai* (o. J.)
[16] Vgl. *Mai* (o. J.)

- Entscheidungen treffen:

  Die Schwierigkeit besteht darin zu entscheiden, welche Aufgaben am dringendsten sind und welche sich vielleicht noch ein paar Tage aufschieben lassen. Hierbei kann die bereits erläuterte Eisenhower-Methode helfen den Durchblick zu behalten. Das Prioritätensetzen kann auch dazu führen, dass man einige Aufgaben an andere Personen weiter delegieren muss und somit das vorhin erwähnte Nein-Sagen öfter in Anspruch nehmen sollte.

- Nachkontrollieren:

  Am Ende des Tages muss die Alpen-Methode auf ihre Funktionalität hin überprüft werden. Dafür ist es hilfreich nicht aufgrund eines Tages ein Resümee zu ziehen, sondern die Methode am besten über einen längeren Zeitraum hinweg anzuwenden. Man findet schnell heraus, ob die Zeiteinteilung richtig ist und wo sogenannte Zeitfresser lauern.

Wendet man die Alpen-Methode konsequent und sorgfältig an, so wird man schnell eine Verbesserung des Selbst- und Zeitmanagements feststellen können und folglich mehr Freizeit zur Verfügung haben.

Als letzte Methode für ein erfolgreiches Selbst- und Zeitmanagement präsentiere ich den Zuhörern das **Pareto-Prinzip** des italienischen Ökonomen Vilfredo Pareto.[17]

Das Pareto-Prinzip ist auch unter dem Begriff der "80/20-Regel" bekannt und besagt, dass man mit nur 20% des Gesamtaufwandes ganze 80% der Ergebnisse erreichen kann, was in vielen Fällen für das Ziel vollkommen ausreichend ist.[18] Ziel des Pareto-Prinzips ist dabei die entscheidenden 80% der Arbeit in 20% der Zeit zu erledigen und dem Perfektionismus, alle Arbeiten zu 100% erledigen zu wollen, den Rücken zu kehren (siehe Abbildung 2).[19]

---

[17] Vgl. *Schmidt-Voigt* (o. J.)
[18] Vgl. *Absolventa GmbH* (2017)
[19] Vgl. *Absolventa GmbH* (2017)

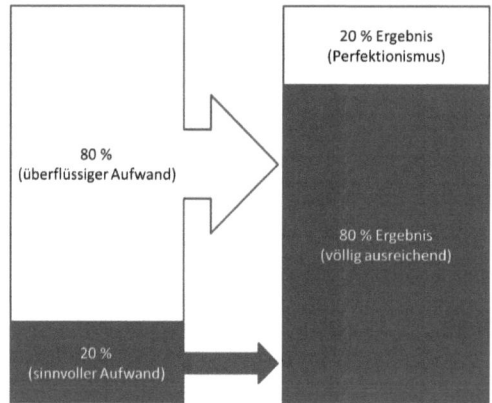

Abbildung 2: Das Pareto-Prinzip

(Quelle: https://das-unternehmerhandbuch.de/2015/08/06/

entscheidungsmethoden-zeit-sinnvoll-einteilen/ (abgerufen am 30.11.2017))

Vor allem im Studium und im Berufsleben kommt es häufig vor, dass Abgabetermine festgelegt werden, an denen z. B. die Hausarbeiten oder Präsentationen fertig sein müssen. Häufig muss nicht nur eine Aufgabe erledigt werden, sondern viele parallel. Das Pareto-Prinzip hilft hierbei die Aufgaben herauszufiltern, die essentiell wichtig für das Ziel sind und somit auch Zeitverschwendungen zu eliminieren.[20] Anhand der Ausführung der folgenden drei Beispiele werden die Zuhörer das Pareto-Prinzip besser verstehen können[21]:

- **Im Alltag (z. B. auch für eine Familie mit Kindern):**

  Die Methode ist u. a. hilfreich, wenn sich spontan Besuch ankündigt und die Wohnung nicht aufgeräumt ist. Um alles tipptopp aussehen zu lassen bräuchte man mehrere Stunden, es bleibt einem aber nur noch eine Stunde bis der Besuch eintrifft. Jedoch reichen laut dem Pareto-Prinzip ein paar Handgriffe aus, um die Wohnung sehr viel ordentlicher erscheinen zu lassen: z. B. dreckiges Geschirr und dreckige Kleidung wegräumen, Spielzeuge der Kinder verstauen, große Flächen wie Tische und Küchenzeile abwischen. Im Handumdrehen gleicht die Wohnung keinem Chaos mehr, sondern wirkt sauber und aufgeräumt.

---

[20] Vgl. *Absolventa GmbH* (2017)
[21] Vgl. *Absolventa GmbH* (2017)

- **Im Studium:**

  Man bearbeitet in einer Gruppe ein Projekt und möchte sich in wenigen Tagen gemeinsam treffen, um die weitere Vorgehensweise zu besprechen. Man selber hat die Aufgabe bekommen, zu einem bestimmten Thema zu recherchieren. In diesem Fall schlägt das Pareto-Prinzip vor, nicht wahllos das Thema zu recherchieren, sondern genau zu überlegen, mit welchen Informationen der Recherche die gesamte Gruppe weiter arbeiten kann und folglich auch nur diese Punkte zu recherchieren. Als Resultat benötigt man viel weniger Zeit für die Recherchearbeit und kann von der gesamten Aufgabe 80% erledigen.

- **Im Beruf:**

  Man hat die Aufgabe bekommen einen neuen Mitarbeiter bis zum Nachmittag einzulernen und gleichzeitig bis zu diesem Zeitpunkt einen Stapel Rechnungen zu kontrollieren. Die Anwendung des Pareto-Prinzips lautet in diesem Fall wie folgt: Man weist den neuen Mitarbeiter nicht auf Anhieb in jeden Vorgang ein, sondern erklärt ihm erst einmal nur die übergeordneten Strukturen seiner zukünftigen Aufgaben, sodass er danach bereits mit der Arbeit beginnen kann. Anschließend widmet man sich der Bearbeitung des Rechnungsstapels. Auch hier kann man das Pareto-Prinzip anwenden indem man die Rechnungen kurz überfliegt und zuerst die Rechnungen bearbeitet, die später noch an andere Abteilungen weiter geleitet werden müssen.

Diese drei Beispiele verdeutlichen, dass das Pareto-Prinzip in vielen verschiedenen Lebenssituationen gut angewendet werden kann und einem als Hilfsmittel dient, seine Zeit sinnvoll einzuteilen. Hat man alles Wichtige erledigt, kann man sich danach überlegen, ob man die Aufgaben nun perfektioniert, oder sie mittlerweile so unwichtig geworden sind, dass man sich anderen Dingen zuwenden kann.[22]

Nach der Präsentation der Selbst- und Zeitmanagementtechniken stelle ich zuerst einmal die Frage, ob die Zuhörer Verständnisfragen haben und beantworte diese entweder selber oder lasse sie, je nach Situation, von einem Kommilitonen beantworten.

---

[22] Vgl. *Absolventa GmbH* (2017)

Anschließend folgt eine leere PowerPoint-Folie, da die Zuhörer nicht abgelenkt werden sollen, wenn ich die Informationen zusammenfasse und ein Fazit gebe. Außerdem schalte ich die PowerPoint-Präsentation und den Beamer nicht sofort aus, da sie in der anschließenden Diskussionsrunde vielleicht noch benötigt werden.

Ich verändere meine Standposition, indem ich mich zentriert vor die Präsentationswand stelle und ungefähr einen Meter näher an die erste Zuhörerreihe herantrete (siehe Abbildung 3).

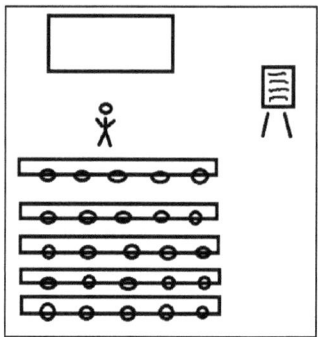

Abbildung 3: Position des Präsentators nach der Präsentation der Selbst- und Zeitmanagementmethoden

(Quelle: Eigene Darstellung)

Bevor ich jedoch zum vierten und letzten Gliederungspunkt übergehe, richte ich mich an die Studentin, die bereits ein Chemiestudium erfolgreich abgeschlossen hat und frage sie im Allgemeinen nach ihren bisherigen Erfahrungen mit dem Selbst- und Zeitmanagement.

Ich bitte sie uns allen mitzuteilen, ob sie eine oder mehrere der vorgestellten Methoden bisher angewendet hat und wenn ja, wie ihre Erfahrungen sind. Außerdem werde ich sie fragen, ob sie eventuell noch andere wertvolle Techniken hat, die sie mir und ihren Kommilitonen verraten möchte.

Das kurze Gespräch nimmt ungefähr zwei Minuten Zeit in Anspruch und wird den Zuhörern hoffentlich noch weitere Anreize zum Selbst- und Zeitmanagement geben können.

Es folgt die Zusammenfassung und das Fazit der Präsentation, wofür ich die letzten zwei Minuten der Präsentationszeit benötigen werde. Ich fasse die wesentlichen Punkte des Themas kurz zusammen und gebe ein allgemeines aber auch persönliches Fazit.

Mir ist besonders wichtig, dass ich den Zuhörern verdeutliche, dass dies nur eine kleine Auswahl an Selbst- und Zeitmanagementmethoden ist, mit denen ich während des Studiums jedoch gut zurechtgekommen bin und die mit Sicherheit viel zum Erfolg meines Studiums beigetragen haben. Allerdings müssen die Methoden den persönlichen Bedürfnissen jedes Einzelnen angepasst werden und demzufolge hier und da etwas abgewandelt werden.

Ich möchte außerdem klarstellen, dass die Techniken im ersten Moment zwar sehr theoretisch wirken, aber nach einer kurzen Gewöhnungsphase spielerisch im Alltag umgesetzt werden können. Sie haben mir vor allem geholfen in stressigen Situationen einen kühlen Kopf zu bewahren.

Natürlich muss man sich deutlich machen, dass das Selbst- und Zeitmanagement in erster Linie ein Prozess ist, der immer wieder reflektiert werden und folglich an jede neue Lebenssituation angepasst werden muss.[23] Keiner der Zuhörer sollte davon ausgehen, dass er binnen einer Woche sein Leben komplett umkrempeln kann und zum Selbst- bzw. Zeitmanagementprofi wird. Man muss sich ein wenig Zeit nehmen, um als Resultat langfristig mehr Freizeit zur Verfügung zu haben.

Der erste Schritt in die richtige Richtung ist das Setzen von Prioritäten und darüber hinaus die Fähigkeit häufiger "Nein" sagen zu können, um auf Anhieb mehr Freizeit zur Verfügung zu haben und zufriedener zu sein.[24]

Denn nur wenn wir mit uns selbst im Reinen sind und die Dinge tun, die wir für richtig halten und die uns glücklich machen, können wir in jeder Lebenslage, sei es im Beruf, im Studium oder in der Familie, unser Bestes geben.

Nach der Präsentation des letzten Gliederungspunkts weise ich auf die im Anschluss stattfindende Diskussionsrunde hin, bedanke mich jedoch im Vorfeld schon mal bei meinen Zuhörern für ihre Aufmerksamkeit und wünsche ihnen viel Erfolg für ihr weiteres Studium.

---

[23] Vgl. *Pfister* (2016), S. 163
[24] Vgl. *Nussbaum* (2017), S. 111, 217

1d) Beschreiben Sie anhand einer PowerPoint-Folie nach welchen Prinzipien und Regeln Sie diese gestalten

Das Pareto-Prinzip

Beispiel 1: im Alltag

→ die Wohnung im Handumdrehen sauberer und aufgeräumter erscheinen lassen

Beispiel 2: im Studium

→ Welche Informationen der Recherche bringen die ganze Gruppe weiter?

Beispiel 3: im Beruf

→ nur die übergeordneten Strukturen der Arbeit zeigen

→ zuerst die Rechnungen bearbeiten, die noch an andere Abteilungen weitergeleitet werden müssen

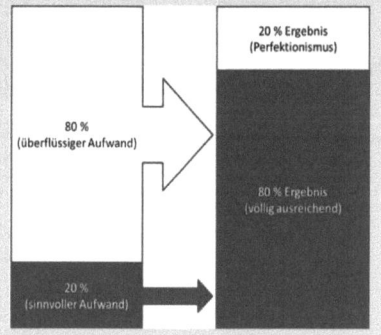

Abbildung 4: Beispiel für eine PowerPoint-Folie im Präsentationskonzept

(Quelle: Eigene Darstellung)

Obwohl die Farbgestaltung der PowerPoint-Folien eine individuelle Geschmacksfrage ist, für die es keine verbindlichen Regeln gibt, habe ich mich für ein helles grau als Hintergrundfarbe entschieden, da solch ein Farbton mit am wenigsten Aufmerksamkeit auf sich zieht.[25] Ich möchte, dass sich die Zuhörer zum einen darauf konzentrieren, was ich ihnen sage, und zum anderen das Geschriebene oder die Abbildungen auf den Folien lesen bzw. sich anschauen und sich nicht von Mustern oder grellen Farben im Hintergrund ablenken lassen. Hinzu kommt, dass große Flächen eher mit hellen, also entsättigten Farbtönen (z. B. mit einem sanften grau oder gelb) ausgefüllt sein sollten, wohingegen kleinere Flächen klare und reine Farbtöne gut vertragen (z. B. ein knalliges rot oder blau).[26]

---

[25] Vgl. *Göldner* (2017), S. 99
[26] Vgl. *Göldner* (2017), S. 106

Grafische Objekte heben sich von einem neutralen Hintergrund ab wenn sie in einer kontrastreichen Farbe dargestellt werden. Die Abbildung des Pareto-Prinzips auf der PowerPoint-Folie (siehe Abbildung 4) ist im Original in einem kräftigen rot gehalten und fügt sich somit perfekt in den grauen Hintergrund ein, wodurch das Erscheinungsbild der PowerPoint-Folie sehr harmonisch wirkt.[27]

Als generelle Schrift für die Präsentationsfolien verwende ich "Arial", da diese Schriftart bei einer Beamer-Projektion deutlicher hervorkommt als andere Schriften und folglich besser gelesen werden kann.[28]

Die Überschrift "Das Pareto-Prinzip" positioniere ich in die Ecke links oben (siehe Abbildung 4), da visuelle Informationen der natürlichen Blickbewegung entsprechend angeordnet sein sollten. Beim Lesen oder Betrachten von Bildern, Folien, Webseiten etc. ist die Blickfolge eines Menschen von links nach rechts und von oben nach unten. Das bedeutet, dass die Informationen auf den Folien, hinsichtlich ihrer Wichtigkeit, gemäß des Goldenen Schnitts, der von links oben diagonal nach rechts unten verläuft, angeordnet sein sollten.[29]

Das Textfeld in der linken Hälfte der PowerPoint-Folie enthält nur wenige Inhalte (siehe Abbildung 4), da die restlichen Informationen mündlich vom Präsentator erläutert werden. Bei der richtigen Menge an Text auf einer PowerPoint-Folie sollte man dem Minimalprinzip folgen und tatsächlich nur die relevanten Informationen auf die Folie schreiben, sodass diese nicht überladen wirkt.[30] Bei der Foliengestaltung kann man sich nach der "7x7-Regel" richten, die besagt, dass jede Folie maximal sieben Textzeilen zu je sieben Wörtern enthalten sollte.[31] Auf meiner Beispiel-Folie habe ich diese Regel ebenso befolgt, wenn man die große Überschrift und die drei kleinen Überschriften außer Acht lässt (siehe Abbildung 4).

Ich werde bei meiner Präsentation der Beispiel-Folie nur zwei Mal eine Animation verwenden. Zuerst wird nur die große Überschrift, die Abbildung des Pareto-Prinzips sowie der Text zum ersten Beispiel zu sehen sein. Während der mündlichen Präsentation der Folie werden die Textteile zu den beiden anderen

[27] Vgl. *Göldner* (2017), S. 109
[28] Vgl. *Göldner* (2017), S. 97
[29] Vgl. *Göldner* (2017), S. 81-85
[30] Vgl. *Göldner* (2017), S. 82
[31] Vgl. *jobitems.com* (2017)

Beispielen nach und nach auf der Folie sichtbar. Generell sollten Animationen und Effekte gezielt und eher sparsam eingesetzt werden, da eine Präsentation sonst sehr hektisch wirken kann und die Zuhörer schnell überfordert sind.[32]

1e) Wovon der Erfolg der Präsentation abhängt

Glücklicherweise befasst sich meine Präsentation mit einem Thema, das aus meiner Sicht für jeden Studenten in den unterschiedlichsten Lebenslagen interessant ist. Gute Selbst- und Zeitmanagementmethoden sind in jedem Bereich unseres Lebens hilfreich und werden auch von jeder anderen Person, ob alt oder jung, ob berufstätig oder arbeitssuchend, ob mit oder ohne Familie, dankend angenommen. Die Präsentation soll die Zuhörer überzeugen und ihnen das Thema mühelos näher bringen, sodass die Inhalte Interesse wecken und nicht direkt wieder vergessen werden.

Ich werde mich zu Beginn der Präsentation kurz persönlich vorstellen und somit eine erste Verbindung zu den Zuhörern aufbauen. Bestimmt werden es viele Zuhörer positiv finden, dass das Thema von jemandem präsentiert wird, der selbst Student ist und damals den gleichen Studiengang gewählt hat. Die grundlegenden Interessen bezüglich der Berufswahl stimmen demnach überein und schaffen somit ein innerliches Bündnis, was den Präsentator in den Augen der Zuhörer erst einmal sympathisch erscheinen lässt und ein grundlegendes Interesse am Vortrag weckt.[33]

Der Erfolg einer Präsentation ist außerdem von der Zielsetzung abhängig. Nur wenn man sich im Voraus vor Augen führt, was der Zuhörer nach der Präsentation an neuem Wissen mitnehmen soll, kann man seine Argumente und die Struktur der Präsentation darauf abstimmen.[34]

Ergänzend versuche ich während der gesamten Präsentation meine Präsenz zu unterstreichen, indem ich den Zuhörern zeige, dass mich das Thema motiviert und ich dafür eine gewisse Leidenschaft entwickelt habe. Diese Begeisterung und Energie geht auf die Zuhörer über, wenn man sein "authentisches Ich" präsentiert.[35]

Mit der Wichtigkeit der Präsenz geht auch die Aussagekraft der Gesten einher.

---

[32] Vgl. *Universität Bielefeld* (o. J.)
[33] Vgl. *Binder* (2016); Vgl. *Nöllke/Schmettkamp* (2016), S. 154-156
[34] Vgl. *Nöllke/Schmettkamp* (2016), S. 14-15
[35] Vgl. *Gallo* (2017), S. 52; Vgl. Nöllke/Schmettkamp (2016), S. 87

Die Körpersprache und demzufolge auch die Gesten sowie der Blickkontakt sollten so gewählt werden, dass man als Präsentator zu einer eindrucksvollen Erscheinung wird, aber dennoch nach wie vor natürlich wirkt.[36] Eines der Geheimnisse der besten Redner ist: „Gehen, reden und wirken Sie wie eine Führungspersönlichkeit, der Menschen folgen wollen."[37]

Ein wirklich guter Redner wird man allerdings erst, wenn man im Vorfeld übt, übt und nochmals übt. Was vielen nicht bewusst ist: selbst Steve Jobs, der Mitgründer von Apple, wirkte in seinen ersten Reden steif und eher unprofessionell. Er arbeitete hart an sich, um seine Vorträge so mühelos aussehen zu lassen, wie es zum Schluss der Fall war.[38]

Der Erfolg meiner Präsentation hängt sicher mit dem Einbeziehen meiner eigenen Erfahrungen zusammen, da ich sehr viel aus meiner eigenen Studienzeit preisgeben werde. Am Anfang berichte ich von meinen persönlichen Schwierigkeiten zu Beginn des Studiums, wie z. B. von den Konzentrations- und Zeiteinteilungsproblemen. Ich denke, dass viele Zuhörer im ersten Semester ähnliche Probleme haben, demzufolge sich durch meine Aussagen bestätigt sehen und deshalb großes Interesse an dem Präsentationsthema besteht. Außerdem gebe ich bei fast allen Selbst- und Zeitmanagementmethoden Hinweise darauf, wie sie von Studenten, Berufstätigen als auch von Familien mit Kindern umgesetzt werden können. Da die Zuhörer viele praktische Tipps aus meiner Präsentation mitnehmen können, werden sie die Präsentation dementsprechend auch als gelungen bewerten.

Die Glaubwürdigkeit meiner Präsentation wird dadurch unterstrichen, da ich am aktuellen Studentenleben der Zuhörer noch sehr nah dran bin. Würde z. B. ein 50-jähriger Wissenschaftler die Präsentation halten, der die Selbst- und Zeitmanagementmethoden zwar in der Theorie beherrscht, aber bereits vor Jahrzehnten studiert hat, so würde es den Zuhörern erschwert werden eine persönliche Ebene zu ihm aufzubauen und sich mit ihm identifizieren zu können. Darüber hinaus werde ich durch meine Redensart überzeugen, da das freie Reden zum einen die Glaubwürdigkeit noch weiter verstärkt und ich zum anderen

---

[36] Vgl. *Gallo* (2017), S. 123-124
[37] *Gallo* (2017), S. 123
[38] Vgl. *Gallo* (2017), S. 103-104

dadurch noch mehr Selbstsicherheit ausstrahle.[39]

Im Großen und Ganzen werde ich aus Zuhörersicht wohl eine gelungene Präsentation halten, die den Zuhörern positiv in Erinnerung bleiben wird.

1f)   Lernerkenntnisse

Bisher habe ich meine Präsentationen überwiegend mit Hilfe von PowerPoint-Folien gehalten und werde dies auch mit großer Wahrscheinlichkeit so beibehalten. Ich finde, dass die Präsentationserstellung mittels PowerPoint zum einen sehr schnell geht und zum anderen diese Art zu präsentieren einem selbst sehr viel Flexibilität während des Vortrages bietet, da zwischen den einzelnen Folien bei Bedarf hin und her gewechselt werden kann.

Jedoch nehme ich für mich persönlich aus der Ausarbeitung mit, dass ich einiges an meinem bisherigen Design der PowerPoint-Folien verbessern sollte. Zukünftig werde ich die Erkenntnisse hinsichtlich der optimalen Schriftart, der richtigen Anordnung der Texte und Abbildungen auf der Folie, der "7x7-Regel" sowie der richtigen Farbgestaltung auf den Folien berücksichtigen und dadurch die Aufmerksamkeit der Zuhörer hoffentlich besser lenken können.

Außerdem habe ich mir bisher im Vorfeld einer Präsentation keine konkreten Gedanken über meine Zuhörer gemacht. Mir ist bewusst geworden, dass einem das Präsentieren maßgeblich erleichtert wird, wenn man zuvor eine Zuhöreranalyse durchführt, da man sich auf diese Weise vor der Präsentation überlegen kann, wen man bevorzugt zu Erfahrungswerten o. ä. befragen will sowie welche Fragen die Zuhörer wahrscheinlich stellen werden, um sich infolgedessen im Voraus besser darauf vorbereiten zu können.

Eine Zuhöreranalyse ist außerdem für die Themenfilterung hilfreich. Hat man ein paar Informationen über seine Zuhörern, so kann man im Vorfeld leichter selektieren, welche Themen man in der Präsentation besonders ausführen möchte, da sie den Zuhörern einen großen Nutzen bringen, und welche Themen man am besten ganz weglässt oder nur kurz anschneidet.

Als letzte Lernerkenntnis nehme ich aus der Ausarbeitung mit, dass die Art zu präsentieren, u. a. die Redens- und Ausdrucksweise sowie die Körpersprache, essentiell wichtig für den Erfolg einer Präsentation ist.

---

[39] Vgl. *Fey* (2014), S. 13, 67

Zukünftig werde ich versuchen die neu hinzugewonnenen Erkenntnisse zu berücksichtigen, um mir dadurch die Präsentation an sich zu erleichtern sowie den Zuhörern strukturiertere und anschaulichere Vorträge zu bieten.

Literaturverzeichnis

Bücher:

Fey, G. (2014), Reden macht Leute!, 5. Auflage, Regensburg.

Gallo, C. (2017), Talk like TED – Die 9 Geheimnisse der besten Redner, 1. Auflage, München.

Göldner, R. (2017), PowerPoint-Rhetorik, 1. Auflage, Gaienhofen.

Nöllke, C./Schmettkamp, M. (2016), Präsentieren, 3. Auflage, Freiburg.

Nussbaum, C. (2017), Organisieren Sie noch oder leben Sie schon?, 3. Auflage, Frankfurt am Main.

Pfister, I. (2016), Get Organized! Deine Tools für cleveres Selbstmanagement, 1. Auflage, Frankfurt am Main.

Reiter, M. (2012), Studieren mit Erfolg: Perfekt präsentieren, 1. Auflage, Stuttgart.

Zimber, A. (2016), Gesund trotz Multitasking, 1. Auflage, Berlin/Heidelberg.

Studienbriefe:

Arenberg, P. (2015), Kreativitäts- und Präsentationstechniken, 4. Auflage, Studienbrief der SRH Fernhochschule, Riedlingen.

Jochum, I./Jochum, E./Koch, A. (2015), Selbstmanagement, 4. Auflage, Studienbrief der SRH Fernhochschule, Riedlingen.

Artikel aus dem Internet:

Absolventa GmbH (2017): Pareto-Prinzip im Zeitmanagement,
    https://www.absolventa.de/karriereguide/zeitmanagement/pareto-prinzip,
    abgerufen am 30.11.2017.

Binder, N. (2016): 7 Möglichkeiten für die Einleitung Deiner Präsentation,
    http://praesentationstipps.de/7-moeglichkeiten-einleitung-praesentation/,
    abgerufen am 07.12.2017.

jobitems.com (2017): Regel von 7x7 in PowerPoint,
    http://www.jobitems.com/regel-von-7x7-in-powerpoint/,
    abgerufen am 05.12.2017.

Mai, J. (o. J.): ALPEN Methode: Definition, Tipps, Beispiele,
    https://karrierebibel.de/alpen-methode/, abgerufen am 30.11.2017.

Mock, U. (o. J.): Das Eisenhower-Prinzip,
    https://www.lernen- heute.de/selbstmanagement_eisenhower.html,
    abgerufen am 01.12.2017.

Schmidt-Voigt, N. (o. J.): Das Pareto Prinzip oder die "80/20 Regel",
    http://www.pareto-prinzip.net/, abgerufen am 30.11.2017.

Universität Bielefeld (o. J.): Tipps und Tricks für PowerPoint-Präsentationen,
    http://www.unibielefeld.de/Universitaet/Studium/SL_K5/MLZ/praesentatio
    nswerkstatt/2013-05-08-3N-Tipps_und_Tricks_fur_PowerPoint-
    Prasentationen-_3N.pdf, abgerufen am 05.12.2017.

BEI GRIN MACHT SICH IHR WISSEN BEZAHLT